CRAINTES

QU'INSPIRE A UN ROTURIER

LE PROJET DE GUERRE

CONTRE

L'ESPAGNE.

Dieux donnez-nous la mort plutôt que l'esclavage
VOLTAIRE.

PARIS,

Chez tous les Libraires.

Janvier 1823

DE L'IMPRIMERIE DE STAHL,
RUE DU CLOÎTRE-NOTRE-DAME, Nº 6.

CRAINTES

QU'INSPIRE A UN ROTURIER

LE PROJET DE GUERRE

CONTRE

L'ESPAGNE.

———❉———

Tout le monde sait qu'il existe en France deux partis qui, quoique ennemis implacables l'un de l'autre, prétendent tous les deux être les amis du Roi. Je ne leur disputerai pas ce titre glorieux, mais je les avertirai que ma dévise est : *Hommage et respect à Dieu, amour et dévouement à la patrie, à la Charte, au Roi et à sa famille.* Avec cette devise je me déclare neutre entre les deux partis, et je ne craindrai point de parler avec la franchise, la sincérité et la naïveté qui ont toujours caractérisé un vrai Provençal. Si quelques-uns des membres de ces partis se trouvent offensés des vérités que je m'en vais leur dire, tampis pour eux; s'ils me traitent suivant leur noble habitude, *de fou, d'ennemi de l'ordre, enfin de Carbonari,* je m'en moque, parce que je n'écris point pour mériter leur approbation et encore moins leur estime; mais bien pour l'intérêt et le bonheur de ma patrie, de mon Roi et de ma religion. Arrêtez, lecteur, ne m'accusez point de vanité; refléchissez auparavant que le hasard peut faire que le conseil d'un petit roturier soit plus utile à l'État que celui d'un illustre gentilhomme, d'un savant diplomate, qui ordinairement ne flatte, ne caresse, ne conseille et n'agit que par intérêt et par avidité pour les richesses et la grandeur. Par conséquent, daignez m'écouter et vous me jugerez ensuite. Il s'agit donc de savoir :

1° Si la France, dans la situation actuelle, peut faire la guerre?

2° A quels dangers la guerre contre l'Espagne n'exposerait-elle pas la France et les Bourbons?

Pour résoudre plus facilement ces deux questions, jettons un coup-d'œil rapide sur les événemens qu'a amenés en France sa dernière guerre contre l'Espagne. Ce tableau est d'autant plus nécessaire qu'il nous servira à faire connaître au lecteur l'opinion et les mœurs actuelles des Français; les caractères, les prétentions et les projets de ces hommes qui veulent à toute outrance engager le Gouvernement à seconder les bandes des factieux Espagnols.

On sait que la guerre d'Espagne ravit à Napoléon la confiance, l'amour et l'admiration que les Français, quoiqu'on en dise, avaient constamment eu pour lui depuis son avènement au consulat et à l'empire. La multitude qui ne peut juger les actions des Souverains que d'après des apparences souvent trompeuses, ne vit dans cette guerre qu'une injuste agression, et dans les procédés de son chef d'alors, qu'un odieux attentat. Aussi des murmures se firent entendre, et pour la première fois, en butte aux reproches de la nation, ce capitaine fut accusé de sacrifier à une vaine et coupable ambition le sang et les trésors de la France. La résolution subite, imprévue et digne des héros de l'antiquité, que les Espagnols prirent de se défendre; l'intrépidité avec laquelle ils soutinrent pendant plus de quatre ans, cette résolution, et la perte de l'élite de nos braves dans la peninsule, vinrent appuyer l'accusation que le peuple portait contre Napoléon; enfin, les revers survenus tout à coup en Russie par une catastrophe sans exemple dans les fastes du monde, quoiqu'à la suite des plus brillans succès, finirent par rendre général le mécontentement public. Dès-lors l'énergie nationale se refroidit dans toute la France; et bientôt on arriva de degré en degré à cette extrémité si fatale aux princes, où l'âme découragée reste insensible à leurs dangers et les abandonne au destin. Les puissances étrangères s'aperçurent de ce refroidissement; elles se liguèrent toutes contre la France, elles osèrent pénétrer dans son sein. La crainte de l'esclavage réveilla les Français; les étrangers allaient trouver leur tombeau parmi nous, si Sa Majesté Louis XVIII, qui du fond de son exil n'avait jamais perdu de vue son peuple, ne fut venu à leur secours. Ce monarque connaissait l'ardent amour des Français pour leur indépendance; il leur octroya une Charte et par-là il procura à ses alliés le moyen d'obtenir sur nos guerriers le succès qu'ils avaient vainement cherché depuis vingt-cinq ans. Aussi je ne craindrais point d'affirmer que lors de la première rentrée, en 1814, des Bourbons, il n'y avait en France qu'un seul parti. Le bourgeois, l'artisan, le cultivateur comme le militaire revirent avec plaisir le frère du fondateur de leur liberté. La fille de l'infortuné Louis XVI parut, et le souvenir des infortunes de l'enfance de cette auguste princesse acheva de gagner aux Bourbons tous les cœurs. Des nombreuses démonstrations d'allégresse et d'amour accueillirent et accompagnèrent le Roi et sa Nièce jusque dans le palais de leurs ancêtres.

Cette union et cet enthousiasme des Français subsistèrent tant qu'il ne fût point question de mettre le gouvernement en action; mais lorsqu'il fallut toucher à l'armée, à l'administration, à la magistrature; l'orgueil, la vanité, l'ambition et l'esprit des partis se réveillèrent, et l'amour de soi-même l'emporta sur l'amour de la patrie et de son Roi.

Ces hommes qui se sont toujours follement imaginé que le peuple est obligé de ramper à leurs pieds, osèrent se vanter publiquement que la Charte n'était qu'un vain simulacre, qu'un prétexte pour empêcher la guerre civile qui aurait pu éclater, si l'on fût entré en France avec les armes de l'ancien régime, enfin, qu'un masque pour couvrir l'exécution de leurs projets criminels. Ces insensés ne se gênèrent point. Tandis que le Roi proclamait sagement l'abolition de tous les impôts vexatoires, l'indépendance de la patrie, le maintien de tous les droits, de toutes les autorités et des privilèges de l'armée; d'un autre côté, les individus ci-dessus publiaient partout qu'ils allaient rentrer dans leurs anciens privilèges, et que la vente de leurs biens allait être cassée. Ils eurent soin d'entourer les ministres; ils en assiégèrent les antichambres; ils fermèrent toutes les avenues du trône, et par-là, la vérité ne put pénétrer jusqu'au monarque. Alors des officiers, des généraux, des administrateurs, des magistrats furent, au mépris des ordres du Roi, renvoyés, destitués; et à leur place on mit de ces hommes qui ne présentaient aucune garantie pour le maintien des promesses royales et des libertés publiques. Enfin, les gens abrutis par une sotte présomption se croyaient assez habiles, assez forts pour obliger un souverain de violer son serment, et pour renverser la liberté que tout un peuple avait acquise par 25 ans de révolution et des sacrifices immenses. Le gouvernement ne chercha pas à imposer silence à ces insensés. Qu'arriva-t-il? deux partis se formèrent. Comme à présent ils s'attaquèrent à la tribune nationale, dans les journaux, par des libelles, par des caricatures, dans les lieux publics, enfin, partout où ils se rencontraient. Le peuple frémit pour son indépendance, et l'armée s'indigna des affronts qu'on lui adressait impunément chaque jour.

Napoléon, qui du fond de son île n'avait cessé d'avoir les yeux fixés sur la France, et de rêver dans sa tête quelques projets capables d'alimenter et de satisfaire son insatiable ambition, s'aperçut des troubles et des craintes que les folles prétentions de certains insensés avaient fait naître parmi les Français; il se hâta d'en profiter. Il débarqua à la tête des 800 hommes; il promit la liberté, et en vingt jours il arriva dans la capital sons tirer un coup de fusil. Je demanderais à ces gens qui voudraient engager le gouvernement à attaquer la constitution espagnole, quels étaient les motifs du silence d'une partie des Français, de l'enthousiasme de l'autre partie, et de l'armée à embrasser la cause de cè capitaine qui, neuf mois auparavant, ils avaient abandonné à son sort? ils n'osèrent sans doute me répondre; mais j'entends l'historien impartial me dire poùr eux: « Ce sont les affronts, » les outrages, les injures dont des insensés avaient, » au mépris des ordres du Roi, abreuvé nos braves; » les menaces qu'ils avaient faites au peuple, les in- » tentions qu'ils avaient impunément manifestées de » faire revivre la féodalité. » Vous voyez donc, partisans de la guerre, que la crainte de l'esclavage avait seul décidé la France à se soumettre de nouveau à l'homme qui l'avait tourmentée durant vingt-cinq ans.

Napoléon entra avec des promesses de liberté et de

paix ; mais il ne tarda pas à nous laisser entrevoir que ces belles promesses n'étaient que des chimères, qu'une ruse pour rattrapper son ancien déspotisme ; il ne nous donna qu'un fantôme de constitution. Qu'arriva-t-il ? Nos troupes seules montrèrent du dévouement et du courage non pour la conservation de leur chef, comme on l'a dit, mais bien pour la défense de leur patrie et de son indépendance. Hélas ! l'énergie des soldats est un secours bien faible pour une nation, lorsqu'elle n'est pas secondée et soutenue par celle des citoyens ! Aussi nos braves succombèrent.

Nous nous rappelâmes tout à coup que dès que notre sage Monarque sût que des insensés avaient osé faire soupçonner ses promesses et ses intentions, il avait couru dans le temple de la représentation nationale. Là, devant Dieu, et en présence de nos Députés, à la barbe des traîtres, il avait juré, ainsi que toute sa famille, de défendre et de maintenir la Charte qu'il nous avait octroyée. Et certes, pouvions-nous douter des sentimens bienfaisans, des engagemens bien formels du petit fils d'Henry IV ? Aussi nous le reçumes une seconde fois avec enthousiasme et dévouement. Les alliés seuls abusèrent de sa bonté. Ils se répandirent par tous les côtés dans le sein de la France. Ils obligèrent notre Roi de licencier son armée ; cette opération terminée, ils nous posèrent des conditions les plus dures. Ils nous enlevèrent nos canons, nos vaisseaux, nos munitions ; ils dégarnirent nos arsenaux et nos places fortes. Non contens de ce manque de bonne foi, ils nous imposèrent des milliards, et jusqu'à leur entier paiement, ils nous forcèrent de nourrir et entretenir plus de trois cents mille de leurs soldats.

Ces conditions, quoique énormes n'auraient pas affaibli la France, si ces hommes, abrutis par l'esprit de faction, imbus des principes insensés, eussent pu se conformer aux ordres positifs, aux sages intentions du Monarque et de son auguste famille; mais l'orgueil, la vanité et la présomption n'ont pas de remèdes. Ces hommes, fiers de la présence des étrangers, s'emparèrent tout à coup de la personne des ministres; ils assiégèrent encore les antichambres des premiers fonctionnaires de l'État; ils fermèrent de nouveau toutes les avenues du trône, et la vérité ne pénétra plus auprès du Souverain. Alors le sang français coula sur l'échafaud; l'exil et la proscription reparurent. Heureusement pour la France et les Bourbons, cette chambre, dont nos derniers neuveux ne se rappeleront qu'avec horreur en même temps qu'avec admiration, parce qu'elle aura sauvé leurs pères, commit tant d'atrocités que le Monarque en fut instruit. Il se hâta de la dissoudre, de destituer ses infidèles ministres; et la joie, le bonheur et la liberté revinrent parmi nous. Les nouveaux ministres résistèrent quelque temps aux efforts, aux solicitations et aux prétentions des partis; mais cette sage résistance ne fut pas de longue durée. Plus imprudens et plus audacieux que leurs prédécesseurs, ils parlèrent de vouloir saper la Charte. Un pair osa, en pleine tribune, demander la modification de ce bouclier de notre liberté; à cette nouvelle des milliers d'adresses partirent comme un éclair de tous les coins de la France pour le trône; les ministres et leur parti directeur reculèrent devant tant d'armes meurtrières; mais bientôt ils se servirent d'un crime affreux, pour tromper notre Monarque, bâillonner ses sujets et tenter d'accomplir leurs projets criminels. Le peuple se leva encore, et quoique ces insensés eussent l'audace de faire publiquement sabrer ceux qui criaient *vive la Charte et le Roi!* ils ne purent entièrement réussir. Mais qu'en est-il résulté? Hélas! faut-il le dire! faut-il l'apprendre aux étrangers! faut-il braver la fureur et la barbarie des partis! Oh! oui, un vrai Français, un véritable ami du Roi et de sa famille ne doit rien craindre, il doit dire la vérité.

Eh bien, depuis cette époque d'exécrable mémoire, la France est déchirée, vexée, tourmentée par les deux partis; elle est sans commerce, sans industrie, entièrement et exclusivement livrée à la pensée de repousser le joug qu'on voudrait lui imposer; elle est chargée de dettes et d'impôts qui la dévorent. Les prisons sont encombrées des malheureux commerçans, des faillis forcés, quelque fois volontaires, et des victimes des partis; les tribunaux ne sont presque plus occupés qu'à prononcer sur des accusations, des dénonciations portées par la fureur des factions; les lois sont foulées aux pieds, ou interprêtées en faveur du plus fort. Elle est avilie, démoralisée, parce quelle est forcée de laisser exister des institutions honteuses, contraires à la société, et de lever des impôts déshonorans. Elle n'a plus aucune considération, aucune suprématie dans l'état politique de l'Europe. L'a-t-on appelée dans les divers congrés tenus depuis sept ans? A-t-on demandé son approbation au partage de la Pologne? A-t-on exigé son consentement pour rendre les Ioniens esclaves des Anglais? A-t-on pris son avis pour décréter l'avilissement de deux peuples qui avaient brisé leurs fers en Italie, et pour l'occupation de leurs territoires? Lui permet-on de s'opposer au massacre des chrétiens de l'Orient? Si on l'a admise au congrés de Vérone, nous ne devons cet honneur qu'à la sagesse de notre Roi; et encore quel rôle lui a-t-on fait jouer? Comment l'a-t-on considérée? *Nous vous laissons libres,* nous a-t-on dit, *de faire la guerre à l'Espagne ; mais vous ne pouvez néanmoins avoir une armée plus forte que celle que nous vous avons fixée par le traité du 20 novembre 1815. Si vous succombez, nous ferons avancer nos troupes sur votre territoire.* Est-ce là, je le demande, avoir de la considération pour une nation?

Mais, supposons que la France eut l'autorisation d'augmenter ses troupes, comment ferait-elle pour atteindre ce but dans l'état pitoyable où elle se trouve, dans ce moment où la fureur des deux partis est à son comble. Voyez en effet les conspirations se succéder; entendez les injures, les ménaces réciproques que ces deux partis s'adressent journellement; écoutez les discours de nos représentans; voyez les manœuvres qu'ils employent de part et d'autre dans les élections. D'ailleurs, les charges qui pèsent sur elle sont déjà trop énormes, trop onéreuses pour que l'on s'avisât de vouloir lui en imposer d'autres, et l'on sait que, sans argent, on ne peut lever des armées.

Vous croyez, sans doute, partisans de la guerre contre l'Espagne, que j'exagère le tableau des maux qui accablent la France. Je vous vois chiffonner ma Brochure. En faisant retentir vos salons de vos imprécations favorites : *C'est un impie, un jacobin, un carbonari; les tribunaux doivent nous debárasser de cet ennemi du Roi et de l'ordre.* Aveugles que vous êtes! vous n'apprendrez point la vérité de ce que je vous avance en restant assis au coin du feu; en rêvant avec vos amis, vos adhérens, vos domestiques, à l'accomplissement de vos projets insensés, à inventer des moyens pour tromper votre Roi, trouver des victimes à votre fureur, dissiper vos fortune, prodiguer les trésors du peuple, etc., etc.; mais parcourez la France, écoutez l'opinion, le raisonnement de ceux que jusqu'à ce jour vous avez méprisés; refléchissez à ce qui s'est passé dans votre pays depuis 3o ans; alors vous saurez, comme moi, que je ne vous ai pas rapporté la millième partie de nos malheurs; alors vous frémirez de la guerre dans laquelle vous voudriez entraîner le gouvernement.

En conséquence, si la guerre d'Espagne a fait murmurer contre Napoléon, si grand et si formidable; si la France l'a accusé d'en vouloir à sa liberté; si, en 1815, elle a chassé de son sein ceux qui auraient voulu la replonger dans l'esclavage ; si le peuple et les troupes ont abandonné le gouvernement, ont été sourds à la voix de leur souverain légitime, pour ne s'être point opposés aux prétentions des partis, si ces derniers ont commis plus de vexations, des barbaries, ont manifesté des projets plus hostiles contre notre indépendance, qu'en 1815, ne craignons donc point d'avancer qu'outre le manque des ressources pécuniaires, le gouvernement, dans sa guerre contre l'Espagne, peut être abandonné par le peuple et les soldats. C'est ce que nous allons essayer de démontrer.

Nous vivons sous un régime constitutionnel. Louis XVIII nous a donné une charte; il a juré, ainsi que toute sa famille, de nous la conserver. Si le gouvernement avait donc l'imprudence de vouloir forcer les Espagnols, nos amis et nos alliés, de renoncer à la constitution qu'ils se sont donnée du consentement de leur souverain; croit-on bonnement que nous verrions en silence une agression qui nous donnerait à penser que le gouvernement est l'ennemi de la Charte, et veut nous replonger sous le joug tyrannique de la féodalité? Car ce sont là les vœux, les désirs et le langage journalier des partisans de la guerre contre l'Espagne. La présence des armées étrangères, dont on nous menace, vient encore donner de la consistance à notre crainte. On me dira que Sa Majesté est incapable de violer son serment. Je suis loin de douter de la bonne foi et de la fermeté de mon Souverain pour le maintien et la défense de ses promesses; mais les rois de Naples, du Piémont, n'avaient-ils pas juré de maintenir et de défendre les constitutions de leurs sujets, et cependant les Autrichiens ne les ont-ils pas forcés de les anéantir? Qui sait si les étrangers n'agiraient pas de la sorte envers notre Roi. Tout homme un peu refléchi partagera ma crainte. Alors, croit-on bonnement que nous approuvassions le gouvernement dans son attaque contre la liberté espagnole? Est-il vraisemblable que nous voulussions faire des sacrifices pour nous forger des chaînes? Ce serait à quoi nous pourrions arriver, si nous secondions les partisans de la guerre dans leur dessein de secourir des moines faribonds, des rebelles et des insensés qui voudraient faire revivre en Espagne l'inquisition, la féodalité et mille autres institutions, enfans de la tyrannie, du fanatisme et de la superstition, dont l'idée seule nous fait frisonner. Oh! cela est impossible, et si vous pouviez, partisans de la guerre, douter de cette impossibilité et de votre extravagance, je vous dirai : « demandez aux Français leur avis et leur opinion sur vos projets hostiles contre la peninsule, et je vous défie de trouver sur trente millions d'habitans, un seul million qui vous approuve. »

Ces gens abrutis par l'esprit des partis vont sans doute me répondre, comme ils l'osent publier chaque jour, que l'armée est pour eux, et qu'en conséquence, ils n'ont pas besoin de l'approbation du peuple.

Quoiqu'il soit démontré que le courage et la volonté d'une armée ne sont qu'un bien faible secours pour un parti lorsque l'énergie et l'approbation du peuple ne les secondent pas, je chercherai néanmoins à démontrer à ces gens qu'ils sont dans l'erreur, en croyant que l'armée française les favoriserait dans l'attaque qu'ils voudraient diriger contre le régime consitutionnel des Espagnes.

En effet, de qui se compose notre armée? des fils de ceux qui veulent la Charte et le Roi, des frères de ces soldats, et de ces derniers, qui ont toujours employé leurs armes à faire connaître aux peuples de l'Europe et d'outre-mer les bienfaits et les charmes de l'indépendance. L'armée n'est donc pas, comme jadis, une machine que l'on fait agir et manœuvrer aveuglément. Maintenant chaque soldat est citoyen; il connaît donc ses devoirs envers son Roi, ses chefs et les égards qu'il doit à ses compatriotes. Lorsqu'on voudra la faire marcher contre ses droits naturels, contre l'intérêt de sa patrie, l'employer à détruire la liberté des étrangers, à secourir des rebelles, à satisfaire la vanité et la fureur des partis, l'armée ne balancera pas à désobéir à des ordres si contraires à ses principes, et lesquels elle ne croira jamais partir de la bouche de son souverain. Supposer d'autres sentimens aux soldats français, ce serait les outrager, les insulter; et qu'elle plus grande injure pourrait-on leur faire que de les croire capables de vouloir ternir, par une aveugle obéissance aux ordres d'un parti, la gloire immortelle que leur ont acquise leurs belles actions passées; de les imaginer capables de suivre l'exemple des soldats de Charles IX, de Louis XIV, qui ne rougissaient point d'égorger leurs concitoyens? Oui, partisans de la guerre, l'armée fera, n'en doutez point, son devoir, non comme vous l'entendez, mais bien en défendant la Charte, son immortel créateur, et en laissant les Espagnols jouir en paix des bienfaits de la liberté dont elle est bien aise de jouir elle-même sous un Bourbon. Elle forcera ses chefs de la conduire au chemin de l'honneur; elle dira à son Roi que la France et l'Europe savent que, si quelques individus sont sortis de ses rangs pour suivre de vils provocateurs et de lâches conspirateurs, ce n'étaient point là des soldats français. Enfin, l'armée n'obéira qu'aux ordres de son Roi, parce qu'elle sait que Sa Majesté ne la fera jamais marcher contre un système qu'elle a établi en France.

Ensuite, l'armée et le peuple sont assez éclairés pour savoir qu'aucun parti n'a le droit de contraindre les

Castillans de renoncer aux bienfaits d'un gouvernement constitutionnel. Les puissances alliées l'ont décidé ainsi au congrés de Véroné, en déclarant qu'elles
ne feraient la guerre à l'Espagne, que dans le cas où
cette nation voudrait renverser le monarque pour éta-
blir une république. Ainsi en vertu, de quel droit, partisans de la guerre, voudriez - vous forcer les valeu-
reux Espagnols de rester esclaves? Pourquoi voudriez vous les obliger de retourner sous l'obéissance
des lois tyranniques du despotisme et de l'infernale
inquisition? Ne sont-ils pas libres chez eux? Pouvez-
vous les empécher de se donner les lois et les institutions qui leur plaisent? Vous allez, sans doute, me répondre que la crainte de voir Ferdinand et sa famille
égorgés par les partis, est le seul motif, le seul but de
vos démarches et de vos vœux hostiles contre l'Espagne. Imprudens que vous êtes! Rappelez-vous quel
coup funeste donnèrent à Louis XVI les secours que
ses alliés voulurent lui porter? vous frémirez alors de
vos projets contre la peninsule. Vous verrez alors que
la rentrée de l'armée française sur le territoire cas-
tillan peut être fatale à Ferdinand. Ses sujets peuvent
croire, comme les Français le crurent alors, que nos
troupes vont pour leur ravir la constitution et la liberté qu'ils se sont données; et à quels excès violens
ne se portent pas ceux qui se voient arracher leur bien
le plus cher, l'*indépendance*. La crainte de l'esclavage
fait commettre des crimes dont on se repend dans un
moment de calme Vous savez qu'en bravoure les es-

pagnols ne le cèdent pas aux Français; vous savez avec quel courage ils ont battu les vainqueurs de l'Europe ; vous connaissez maintenant le peu de peine qu'ils ont eue à détruire les bandes des factieux sous la direction des moines. Vous devez donc être convaincus que nos troupes subiront le même sort que les Autrichiens et autres étrangers, venant secourir Louis XVI, c'est-à-dire qu'elles n'iront pas en voiture à Madrid : il y a donc à craindre qu'elles ne trouvent, comme les soldats de Napoléon, leur tombeau dans les montagnes de la Catalogne, de l'Arragon et de la Castille. Alors les Espagnols, vainqueurs, pourront soupçonner Ferdinand d'être l'auteur de la rupture avec nous ; et, certes ! les habitans du midi ne sont pas faciles à conduire ni à désabuser. Prenez garde à vous, partisans de la guerre ; si le sang des Bourbons espagnols venait malheureusement à couler, ce serait sur vous que ce forfait retomberait, ce serait vous que la postérité accuserait, ce serait vous qui expieriez la punition d'un pareil attentat. Mais je m'égare, j'oublie que le danger de la vie de Ferdinand n'est point le but de vos projets hostiles contre l'Espagne; j'outragerais la nature que de vous supposer des sentimens si humains; je vous insulterais vous mêmes; rassurez-vous donc, la France et l'Europe savent qu'un autre motif vous fait désirer cette guerre. Vous craignez que le système constitutionel ne s'étende trop loin et n'engage enfin les souverains à repousser vos conseils pernicieux, vos projets criminels et vos prétentions insensées. Vous savez que si les rois apprenaient une fois la vérité, vous ne pourriez plus jouer votre rôle; vos faveurs cesseraient, vos pouvoirs seraient anéantis; vous ne pourriez plus intriguer, cabaler ni faire des victimes, ramper ni avoir des esclaves. Voilà ce qui vous fait désirer la guerre contre l'Espagne, voilà ce que vous redoutez, ce que vous voudriez empêcher; voilà ce qui vous tourmente, vous vexe, vous irrite, vous fait oublier la qualité d'homme, vous ravale aux êtres rampans du divan; que dis—je, les esclaves du sultan rougiraient de penser et d'agir comme vous. Reconnaissez enfin votre extravagance, ennemis de la société, et sachez que la sagesse de notre Roi est là pour vous écrâser.

Nous venons de voir que le peuple ni l'armée ne peuvent approuver la guerre contre l'Espagne, sous quelques rapports que ses partisans l'envisagent. Voyons maintenant à quels dangers elle exposerait la France et son Roi.

Le peuple et l'armée n'approuvant pas la guerre contre l'Espagne, il y a à craindre des révoltes dans l'intérieur du royaume et de la défection dans l'armée. Pour prévenir et arrêter ces deux craintes, il faut que les armées étrangères viennent, comme les monarques alliés l'ont fort bien dit au congrés de Vérohe, occuper le territoire français. Que des màux incalculables cette occupation n'attirerait—elle pas à la France! Tremblez et frémissez avec moi, aveugles partisans de la guerre, au seul mot d'occupation ! Rappelez—vous la situation pitoyable où les prétendus alliés ont jeté notre patrie? Souvenez-vous les soupirs déchirans qu'ils ont arrachés à notre Roi, en forçant son cœur paternel de leur donner le fruit de la sueur de ses sujets? Voyez son sein encore saignant des coups de poignard que ses alliés n'ont pas rougi de lui porter, en l'obligeant, de leur abandonner tout ce que la France avait acquis à force de sang et des sacrifices. Voyez la douleur encore peinte sur le visage de ce vénérable Monarque; entendez-le chaque jour s'écrier, comme le prophète : «*Français, mes enfans chéris, soyez unis, restez en repos ; car l'union et la paix font seules le bonheur et la prospérite d'une nation ; avec ces deux filles chéries de la divinité nous parviendrons facilement à cicatriser les profondes blessures que la guerre et la vengeance nous ont faites.* » Voyez les mères pleurer encore sur le viol que les sauvages du mont Caucase ont fait à leurs filles, sur le déshoneur qu'ils ont jeté dans leurs familles; voyez les pères mener chaque jour leurs jeunes enfans sur le tombeau de leurs frères; là, leur faire jurer une haine implacable contre leurs assassins, les auteurs de leur propre misère; voyez le cultivateur contempler avec des regards plaintifs les décombres de sa chaumière que les alliés ont embrâsée ou abattue, laquelle les impositions énormes exigées par ces alliés ne lui ont point encore permis de relever; voyez le vieillard se traîner sur le tronc de l'arbre qu'il avait planté dans sa jeunesse sous le doux espoir de la suavité de ses fruits, ou leur produit, le soulagerait dans ses derniers jours; mais si le tableau de la situation effroyable où l'occupation par les alliés de notre territoire a jeté la France, si l'amour de la patrie, si la conservation de notre Souverain légitime, ne peuvent adoucir vos cœurs barbares, songez, partisans de la guerre, à vos propres intérêts. Une occupation peut anéantir vos projets, détruire vos prétentions et vous engloutir sous les débris de l'édifice sous lequel vous croyez follement écraser ceux qui ont aboli dans la peninsule le despotisme et l'inquisition. Les Français encore irrités de la première fourberie des étrangers, des maux qu'ils leur ont faits, peuvent se révolter; l'armée, indignée de votre conduite, et voulant enfin assurer pour toujours la liberté et le trône, peut se joindre aux constitutionnels Espagnols, et repasser en France pour en chasser ceux qui veulent la ravager. Eh, certes, rien ne peut résister à des hommes qui combattent pour le soutien de leur pays, leur liberté, l'honneur de leurs femmes, la conservation de leurs enfans, de leurs fortunes et de leur roi. Rappelez-vous des prodiges de valeur que nos troupes firent au commencement de la révolution? Les Français n'ont pas besoin de Napoléon pour battre leurs ennemis. Ensuite l'Italie est, sans doute, prête à se révolter contre ceux qui l'oppriment. La Saxe, la Bavière, le Wurtemberg, la Suède, l'Angleterre, etc., jouissent des bienfaits du système constitutionnel; ces nations sont prêtes à secourir ceux qui veulent les imiter. Et alors que deviendrez-vous? Où porterezvous vos pas? Dans quel pays irez-vous vivre? Car la France et l'Espagne vous repousseront de leur sein comme des enfans ingrats; les autres nations agiront de même, parce que vous aurez fait verser leur sang, en trompant leurs souverains sur les véritables sentimens, les intentions des Français et des Espagnols.

Outre la révolte du peuple, et la défection de l'armée, nous avons encore à redouter une crainte bien fondée. Les puissances étrangères, occupant nos places fortes et notre territoire, peuvent nous jouer un mauvais tour. Fatiguées des dissentions qui nous divisent, épouvantées de notre gloire passée, et craignant que nos troubles ne gagnent leurs peuples, elles chercheront les moyens les plus prompts de nous affaiblir. Elles nous partageront comme les Romains partageaient leurs alliés; ou bien, connaissant la trop grande bonté de notre Monarque, et notre ardent amour pour la liberté, au maintien de laquelle, elles savent mieux que vous, que nous sommes toujours prêts à faire le sacrifice de nos fortunes, de notre repos et de notre vie même, elles nous imposeront un souverain de leur façon, qui, sous le manteau sacré de la liberté, nous gouvernera comme Napoléon, tyranniquement et militairement. Il n'y a que des ignorans et des sots qui puissent croire que les étrangers ne feraient verser le sang de leurs sujets que pour vous favoriser dans vos projets insensés. Les alliés cherchent leurs intérêts et non les vôtres. Il me semble que la conduite qu'ils ont tenue envers la France devrait vous convaincre de la vérité de ce que je vous avance, et vous faire revenir de votre sotte présomption. Si les alliés ont vu jusqu'à présent avec indifférence les séditions que votre vanité a fait naître, ne croyez pas que cette indiflérence soit éternelle; ainsi, méfiez-vous de leurs promesses, et songez qu'ils protègent également vos adversaires.

Vous concevez déjà que si l'occupation de notre territoire par les alliés serait dangereuse à la France, elle pourrait être fatale aux Bourbons, et ce, lors même que le peuple et l'armée ne se révolteraient pas.

En effet, par son approbation à la guerre d'Espagne et son consentement à l'occupation de la France par les troupes alliées, les libéraux français auraient lieu de soupçonner que le gouvernement favorise et seconde les ennemis du système constitutionnel; car je le répète, la guerre d'Espagne n'a et ne peut avoir d'autre but que la destruction de la constitution des Cortès. Or, en voyant détruire la liberté espagnole, nos libéraux n'ont-ils pas à craindre l'abolition de la Charte, leur seule protèction, et le seule bouclier de leur existence? Par conséquent, l'attaque contre l'Es--pagne sera le signal de leur désespoir, de leur perte; ils seront alors convaincus qu'ils ne pourront plus conserver ni leurs places ni leur liberté; ils voudront donc s'ensevelir avec elle ou exterminer entièrement leurs adversaires. Si nos troupes, comme cela peut arriver, sont battues, les Espagnols passeront en France, se joindront aux libéraux, nos provinces du midi peuvent se mettre

en fermentation ; alors quel bouleversement affreux !
quel massacre horrible et épouvantable ! N'y a-t-il.
pas à craindre alors que nos libéraux, vainqueurs,
ne demandent au Roi, pourquoi il a permis à leurs adversaires de diriger ses troupes contre le système constitutionnel des Espagnoles ? pourquoi il a laissé verser
le sang du peuple, employer ses trésors à la défense
des rebelles, des ennemis de sa liberté ? Et dans le
délire du désespoir, de la colère et de la fureur, en-
tend-on bien les justifications ni même les excuses?
ne confond-on pas l'innocent et le coupable ? les
simples soupçons ne sont-ils pas des preuves con-
vaincantes ? Dans ce cas, les gens honnêtes du peuple
gardent le silence, la populace soutient toujours ceux
qu'elle croit disposés à la servir, et les prétendus amis
des rois fuyent. L'exemple dont nous avons été témoins
devrait nous faire frémir, nous rendre circonspects
et retenus. Ce qui fait encore trembler les vrais amis
des Bourbons, c'est que les mêmes hommes qui, par
leurs vexations, leur tyrannie envers le peuple, ont
conduit Louis XVI sur l'échafaud, plongé ses descen-
dans dans l'exil, entourent encore la Famille Royale.
Les partis suivent le même plan, ont les mêmes vues,
professent les mêmes principes, employent les mêmes
moyens qu'alors pour faire la contrerévolution.
Comme à cette époque, ils semblent se recruter de
tout ce qu'ils trouvent de plus vil, de plus audacieux
dans les dissentions et les brigandages qui n'exigent
point de courage, mais bien le mépris de toute pudeur,

de tout sentiment d'ordre et d'humanité. Comme à cette époque, ils semblent appeler auprès d'eux les libertins et les fainéans des cabarets. En effet, lisez leurs discours, écoutez leurs conversations, épiez leurs actions; ils ne prêchent, ils ne parlent que d'égorger, d'assassiner, de massacrer, de récompenser; en les entendant on dirait qu'ils sont déjà gorgés du sang des vaincus; comme à l'époque de notre révolution, chaque famille de France a quelques motifs de plainte à faire valoir contre les partis. L'une a à venger la mort d'un père, d'une mère, d'un frère, d'un parent ou d'un ami; l'autre a à demander réparation de l'honneur qu'on lui a ravi, soit en emprisonnant un de ses membres, ou en le condamnant à des peines infâmantes, soit en lui ôtant un grade, un emploi, une décoration, une pension que ses services à l'État lui avaient procurés. Quelle est en effet là famille française qui n'a pas été insultée, calomniée, outragée par les partis? La honte, l'infamie, le deshonneur suivent sans cesse les pas d'un Français. Tous les jours, à chaque instant un Français a à redouter d'être arrêté, accusé de conspirateur, de rebelle, etc. Ne voyons-nous pas journellement de ces exemples? Des familles, des sociétés entières ne comparaissent-elles pas journellement sur le tabouret? A l'insu de notre sage Monarque, par la fourberie des partis, des braves guerriers ne sont-ils pas dégradés, rayés des contrôles de de l'armée; des magistrats, d'administrateurs intègres, probes, équitables, ne sont-ils pas chaque jour destités? nos députés, dont la personne est sacrée, ne sont même pas à l'abri de la fureur des partis.

D'après tout cela, ne craignons pas de dire que la contre-révolution dont nous menacent les partis, et que la guerre d'Espagne peut nous amener, serait encore plus terrible, plus affreuse et plus sanguinaire que la révolution que nous avons essuyé. Elle ne pourrait donc qu'être fatale aux Bourbons, à la France et à la religion; je dis à la religion, parce que les moines d'Espagne sont la cause des dissentions qui déchirent cette nation. Alors, les peuples maintenant assez éclairés pour savoir que Jésus–Christ n'a point établi l'Inquisition, ni tant d'autres institutions que les moines veulent imposer, finiront par détruire entièrement le clergé. De là, la religion catholique peut devenir esclave des sectes naissantes, comme cela est arrivé en Angleterre et dans tant d'autres pays.

Voilà, partisans de la guerre, les craintes d'un roturier, mais d'un véritable ami de la patrie, du Roi et de la religion. J'ose me flatter qu'elles seront partagées par tous ceux qui désirent la prospérité, le bonheur de la France, la conservation des Bourbons, et le maintien du rit catholique. Songez donc dans quel labyrinthe votre vanité peut entraîner le gouvernement; cessez donc de le bercer d'un succès rapide et assuré; cessez de lui promettre la reconnaissance de ses administrés, des Espagnols et des alliés.

Et vous, membres du gouvernement, repoussez

avec indignation les conseils perfides des partisans de la guerre. Rappelez-vous la haine et le mépris que vos prédécesseurs se sont attirés, pour avoir voulu écouter les ennemis du système constitutionnel : n'imitez donc point leur exemple ; gerez avec franchise et loyauté ; ne déguisez pas la vérité à votre Roi ; ne rougissez pas de revenir sur vos pas ; il n'y a jamais de deshonneur de revenir de ses erreurs, à réparer ses fautes et à échanger le mal pour le bien. Méprisez ces écrivains mercenaires, ces publicistes salariés qui s'efforcent de vous persuader qu'en ne faisant pas la guerre à l'Espagne, vous feriez connaître la faiblesse des prétendus amis de l'ordre, et vous donneriez du courage à ses ennemis. En rejetant ce langage cannibale, vous vous déclarerez les défenseurs du Roi, de la liberté des peuples, de l'humanité et de la religion ; vous montrerez à la France et à l'univers que vous êtes dignes du choix et de la confiance de votre souverain. Paraissez donc à la tribune plébéienne avec les austères vertus de Caton, l'économie de Sully, le patriotisme de Régulus, et la sagesse de Minos et de Solon. Alors vous serez sûrs de l'estime, de l'amitié de vos concitoyens, et de la reconnaissance éternelle de votre maître, et si jamais l'intrigue des cours vous forçait de quitter la pourpre, soyez bien persuadés que les Français et leur Roi agiraient envers vous de la même manière que les Athéniens agissaient jadis envers ceux que la fureur des partis faisait condamner à l'ostracisme. Certes, les bienfaits et l'estime du peuple et du Roi valent bien l'or et l'amitié passagers qu'on peut acquérir en servant la vanité d'un parti, quelque puissant qu'il soit.

Et vous membres des deux partis, que l'intérêt personnel rend ennemis implacables l'un de l'autre, les moteurs de toutes les séditions, de toutes les conspirations, les auteurs de tous les maux qui accablent la France, et qui déchirent l'ame du Roi, quand mettrez-vous un terme à vos prétentions insensées, à votre sotte vanité, à vos machinations infernales, et à votre avidité pour les richesses et la grandeur? Quand ne tromperez-vous plus votre Souverain? Quand vous montrerez-vous francs dans vos discours, dans vos rapports, dans vos demarches, dans vos projets? Quand serez-vous les vrais amis, les défenseurs sincères du trône, de la liberté et de l'intérêt des peuples? Quand honorerez-vous le mérite, encouragerez-vous le progrès des lumières, des arts et des sciences, respecterez-vous la bravoure et l'infortune? Quand ne commettrez-vous plus dans les fonctions surprises à la bonté de votre Roi, des abus, des prévarications, des partialités, des dilapidations, ni d'actes arbitraires? Quand vous placerez-vous au niveau des circonstances, vous conformerez-vous aux mœurs actuelles, aux ordres de votre sage Monarque? Quand n'emploirez-vous plus l'intrigue, la fourberie, l'or, la force, et les agens secrets pour parvenir à vos infâmes projets, et obtenir des emplois, de places pour vous et vos créatures? Quand ne ferez-vous plus

retentir la tribune nationale des accusations horri-
bles, des dénonciations atroces qui, en même temps
qu'elles sont avilissantes, injurieuses pour vous, atti-
rent à la France le mépris des étrangers? Quand enfin ne cacherez-vous plus vos vues coupables, vos
crimes et vos attentats sous le voile sacré du bien public, du bon ordre et de la morale? Répondez-moi,
gens des partis : Votre haine, votre vengeance, votre
fureur mutuelles ne sont-elles point encore assouvies?
N'êtes-vous point encore las de vous déchirer, de
vous calomnier, de vous entr'égorger, et de nous
jeter dans la misère et la honte? Oubliez un instant,
si cela vous est possible, vos propres intérêts pour
vous occuper de ceux de la patrie et de votre Roi. Le
moment est arrivé où vous pouvez acquérir la reconnaissance de vos concitoyens, et la confiance de votre
Souverain. Réunissez-vous; allez tous ensemble vous
jeter aux pieds du trône; apprenez à notre sage Monarque les projets insensés des partisans de la guerre
contre l'Espagne; instruisez-le des embarras indéter-
minables où peut jeter la France une pareille guerre,
des humiliations qu'elle peut attirer à sa couronne,
des dangers auxquels elle peut exposer sa personne
et son auguste famille, du préjudice qu'elle peut porter à sa religion; enfin dites lui les maux effroyables
qu'elle peut faire à ses sujets; par là vous remplirez le
devoir des vrais Français; et l'historien impartial
pourra passer légèrement sur les malheurs que vous
nous avez causés jusqu'à ce jour, en vertu du bien

que votre repentir et votre loyale conduite dans cette circonstance critique nous auront procuré ainsi qu'à votre Roi.

Et vous, digne descendant de Henri IV, avant de commencer la guerre, daignez prendre l'avis et l'opinion de vos sujets, informez-vous de leur triste situation, envoyez dans chaque département des amis fidèles, et exempts de la fureur des partis; alors je suis persuadé que votre Majesté repoussera avec indignation les conseils perfides des partisans d'une guerre qui ne peut qu'être fatale à la France, à votre personne, à sa famille et à son auguste parent Ferdinand. Alors elle se hâtera de prononcer un mot pour écraser et anéantir les partis qui divisent sa belle patrie.

Ah! puissent mes craintes ne jamais se réaliser! Puissent mes espérances s'accomplir! Voilà les vœux bien sincères qu'un petit roturier adresse chaque jour à la divinité pour le bonheur, la prospérité de la France, la conservation de son Roi et le maintien de sa religion.

FIN.